안녕, 나는 도시를 안내할 고양이 키키야.
나만큼 도시를 잘 아는 생명체는 없지.
지금부터 나를 따라 도시 여행을 해 볼까?

차례

8-9쪽
도시야, 안녕!

10-11쪽
오늘의 집

14-15쪽
물

12-13쪽
전기

16-17쪽
쓰레기

18-19쪽
인터넷

도시야, 안녕!

어서 와요! 여기는 도시예요! 많은 사람이 이 활기차고, 시끌벅적하고, 오염된 공간에 모여 살아요.
사람들은 장을 보려고, 영화관에 가려고, 혹은 병원에 가려고 온종일 돌아다니지요.
이 도시인들은 도시 안의 온갖 크기의 집과 건물에 이웃해 살아요.
오늘날 전 세계 인구 절반이 도시에 살아요. 도시의 크기는 아주 작기도 하고, 아주 거대하기도 하지요.
한 지역이 도시가 되는 기준은 나라마다 달라요.
프랑스는 그 지역의 인구가 2,000명 이상이어야 하고, 일본은 45,000명 이상이어야 해요.
우리나라에서 '시'가 되는 기준은 인구 5만 명이고, 5만 명 이하면 '군'이나 '읍'이라고 불러요.
뉴욕, 멕시코나 델리처럼 인구 1,000만 명이 넘는 도시는 메가시티라고 해요!

문화 센터

호텔

시청
시민들이 뽑은 시장은 학교를 짓거나 도로를 수리하는 등 행정적인 일을 결정해요.

오늘의 집

도시마다 집의 모양과 구조는 모두 달라요.
벽돌로 지은 집이 있고, 시멘트, 나무나 말린 흙으로 지은 집도 있어요.
그러나 크기가 크든 작든, 층이 있든 없든 집에는 벽, 지붕, 문과 창문이 있어요.

층마다 여러 세대가 사는 아파트나 빌라와 달리, 주택은 일반적으로 한 세대만 살아요.
대부분의 현대식 집에는 난방 장치가 있고 방마다 가전제품이 있어요.
수도꼭지를 틀면 물이 콸콸 나오지요. 이러한 주거 방식은 아주 편리하지만,
물과 중유, 가스, 전기 같은 에너지를 많이 소비해요.

가스나 석탄 같은 화석 연료는 대기 오염을 일으켜요. 태양열을 지구 표면에 가두어 기온을 상승시키는 온실가스인 이산화 탄소를 배출하거든요. 전 세계 모든 집에서 온실가스를 더 많이 배출하면, 대기는 더더욱 빨리 오염될 거예요.

난방 장치

집 안에서 에너지를
가장 많이 소비하는 장치예요.

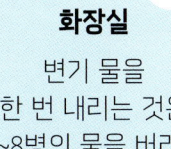

화장실

변기 물을
한 번 내리는 것은
4~8병의 물을 버리는
것과 맞먹어요.

욕조

목욕을 한 번 할 때 약 80병의 물이 사용되고,
간단하게 샤워할 때보다
물 소비가 두 배가량 더 많아요.

쓰레기통

우리나라의 연간 1인당
플라스틱 쓰레기 배출량은
88킬로그램이에요.

전기

전기는 여러분의 집으로 오기까지 긴 여행을 해요.
발전소에서 만들어진 전기는 고압선과 중압선을 거치면서 전압이 조절되고, 케이블을 통해 집까지 와요.
전기를 만드는 데 가장 많이 쓰이는 연료는 석탄, 천연가스나 석유예요.
그러나 이런 화석 연료는 지구에 한정된 양밖에 없어서 고갈될 위험이 있어요.
또 화석 연료로 전기를 생산하는 발전소는 공해 물질을 많이 배출해요.
다행히 바람이나 물, 지열, 바이오 연료, 태양열 등 재생 에너지로 전기를 생산할 수 있어요.
이것이 많은 국가에서 개발하고 있는, 공해를 줄이는 해결책이에요.

전선

전신주
전선을 매다는 데 써요.

물

수돗물은 항상 자연에서부터 집까지 흘러와요. 호수, 강이나 지하에서 퍼 올린 물은 정수 센터를 거치면서 세균, 쓰레기, 오염물 등의 불순물이 제거돼요. 식수와 같이 우리가 안심하고 사용할 수 있는 민물인 담수만 집까지 오지요. 그런데 우리가 집에서 사용하는 담수는 지구상에 무한정 있지 않아요.
강이나 지하수의 수위는 기후에 따라 달라져요. 비가 적게 오면 수위는 내려가요. 비가 오지 않을수록 강이나 지하수가 더 빠져나가거든요. 이런 이유에서 남아프리카 공화국의 수도인 케이프타운에서는 물 부족 사태를 겪고 있어요. 다른 여러 도시도 곧 같은 문제를 겪을지 몰라요.

하수도 세탁, 목욕 등 집에서 쓰고 버리는 더러운 물은 하수도로 흘러가요.

쓰레기

매일 쓰레기 수거차가 길을 지나가고, 환경미화원이 각 색깔의 통에 쌓인 재활용 쓰레기를 수거해요.
유리, 종이나 캔은 분류 공장에 보내고, 여기서 수작업으로 재활용할 수 있는 물질을
재활용 공장에 보내요. 재활용 공장은 수거한 물질로 새로운 물건을 만들 수 있어요.
예를 들어 페트병을 재활용해 폴리에스터 원단의 재킷을 만들지요.
쓰레기봉투에 든 쓰레기들은 소각장으로 보내서 불태워요. 소각장에서 쓰레기를 태울 때 발생하는
높은 열로 전기를 만들어요. 그러나 이때 해로운 가스도 함께 배출되어 우리가 숨 쉬는 공기를 오염시켜요.
소각장에서 모든 쓰레기를 없애는 건 아니에요. 불에 타지 않는 쓰레기는 매립지에 보내 땅에 묻어요.

분류 공장

유리 분리수거함

쓰레기 분리수거함
전 세계 많은 도시에서
재활용이 되는 쓰레기를 분류하기 위해
쓰레기를 종류별로 분리해 버리게 해요.

데이터 센터
이 건물에는 인터넷 데이터를 저장한 서버들이 가득해요.
수만 대의 서버를 동시에 운영하지요.

케이블 네트워크
케이블에는 아주 가는 실인 광섬유가 있어요. 이 광섬유를 통해서 정보가 전달되지요.

인터넷

1969년에 발명된 인터넷은 전 세계 수십억 대의 컴퓨터를 연결하는 거대한 컴퓨터 네트워크예요. 여러분이 인터넷으로 무언가를 검색할 때, 검색한 내용이 곧바로 공유기에 전달돼요. 공유기는 케이블 네트워크에 연결되어 있어요. 여러분의 검색 요청은 땅속이나 해저에 묻힌 케이블을 타고 여러분이 찾는 인터넷 사이트가 있는 데이터 센터까지 초고속으로 전달돼요. 데이터 센터는 여러분의 요청을 받자마자 여러분이 찾는 사이트가 열리도록 허락해 줘요. 그러면 1초도 안 되어 검색 결과 화면이 여러분의 컴퓨터 모니터에 뜨는 거예요! 그런데 모든 인터넷 사용자가 인터넷을 이용하려면 4,500채 이상의 데이터 센터가 밤낮으로 쉼 없이 작동해야 해요. 그래서 에너지 소비가 엄청나요.

잔디 깎는 기계
잔디 깎는 기계는 휘발유로 작동하는데, 대기에 오염 물질을 배출해요.

농약
비료, 제초제, 살충제 등의 화학 제품은 식물을 잘 자라게 하지만, 생물의 다양성을 파괴해요.

수영장
수영장을 청소하려면 전기를 많이 사용해야 해요.

마당

사무실이나 상점이 거의 없는 도심 외곽의 주거 지역에는 주로 주택들이 있어요.
이 지역에는 마당이 딸린 주택들이 도심보다 많아요. 작은 수영장이 있는 집도 있지요.
마당에는 도심에 살지 못하는 수많은 식물과 동물이 살아요. 생물의 다양성을 지키는 공간이지요.
그런데 마당을 가꾸기 위해 뿌리는 농약 때문에 생물의 다양성이 파괴돼요.
또 외래종 식물이 공간을 차지해 다른 식물을 파괴하기도 해요. 잔디에 물을 주거나
수영장을 청소하는 등 마당을 관리하고 유지하는 데 물과 전기도 많이 소비돼요.

녹색 쓰레기(폐식물)
풀이나 낙엽을 태우면 대기에 유해물이 증가해요.

스프링클러

조명

침입종
본래 있던 토착종을 위협하는 외래종 식물을 침입종이라고 불러요.

교통수단

도시에서 일을 하거나 장을 보러 갈 때 가장 많이 이용하는 교통수단은 자동차예요.
그러나 자동차는 소음, 대기 오염과 교통 체증을 일으켜요.
도시는 이러한 단점을 줄이기 위해 전기로 움직이는 대중교통을 늘리고 있어요.
휘발유로 달리는 교통수단보다 소음과 공해 물질이 적게 나오기 때문이에요.
또 자전거로 다닐 수 있는 전용 도로도 만들고 있어요. 자전거 대여소가 생기고,
차도와 인도와 구분된 자전거 전용 도로가 만들어지면 자전거를 안전하게 탈 수 있어요.
이러한 해결책들 덕분에 도시는 좀 더 살기 좋아지고 있어요!

버스

트램
도로 위에 깔린 레일 위로 달리는 전차예요.

지하철
지하철은 주로 지하로 다니며
전기로 움직이는 대중교통이에요.

밭
도시에서 가까운 농촌의 경작지에서 과일과 채소를 생산해요.

재활용 가게
버려진 중고품들을 수리하거나 수선해서 다시 파는 가게예요.

제로웨이스트 식료품점
불필요한 쓰레기를 줄이기 위해서 쌀, 파스타, 곡물 등의 식료품을 포장 없이 팔아요.

무인 편의점

자전거 수리점
고장 난 자전거를 수리하는 곳이에요.

도심

도시에서 가장 중심이 되는 곳을 도심이라고 해요. 도심에는 성당, 탑, 박물관과 같은 역사적인 건물, 우체국이나 시청 같은 공공 기관, 그리고 다양한 물건을 파는 상점들이 있어요.
매우 활기찬 지역이라 시민들은 여기서 친구를 만나고 필요한 것을 쉽게 살 수 있어요.
도심에는 빵집, 정육점, 생선가게와 같은 지역상점도 있어요. 복합쇼핑몰과 반대로 지역상점에서는 지역 생산물, 그러니까 도시와 가까운 곳에서 공급받는 제품을 팔고, 최소한의 포장으로 쓰레기와 교통 공해를 줄여 줘요.

벌통
꿀벌들은 이 꽃 저 꽃을 날아다니며 꽃가루를 묻혀서 옮겨 여러 식물이 열매를 맺게 도와줘요.

놀이터

나무
나무와 덤불은 빗물이 흐르는 속도를 늦추고, 도시의 홍수 위험을 막아 줘요.

꽃
나무 밑이나 로터리 주위에 꽃을 심어 수천 마리의 곤충을 먹여 살려요.

녹지

도시 대부분의 공간은 차도, 인도와 콘크리트 건물이 차지해요. 그런데 녹지도 아주 중요한 역할을 해요. 사람들이 산책하고, 놀거나 운동할 수 있는 휴식 공간이거든요. 녹지는 자연환경을 보전하고 재해와 공해를 막기 위해 만든 공간이에요. 공원과 정원마다 푸른 잎이 우거진 나무들이 있어서 도시의 소음과 열기를 줄이고, 새와 다람쥐와 같은 동물들이 살 수 있게 해 줘요. 또 홍수의 위험을 막아 주고, 지구 온난화를 일으키는 이산화 탄소 일부를 흡수해서 공기의 질을 좋게 해 줘요. 이런 이유 때문에 여러 도시에서는 시민과 생태를 위한 공원을 만들려고 해요. 몇몇 녹지에서는 텃밭을 가꾸거나 꿀벌을 모으는 벌통을 놓을 수 있는 공간도 있어요.

도시 근교 지역

도시 인구가 늘수록 주택이 부족해져요. 그러면 도시 근교에 새로운 지역이 생겨요. 거대한 콘크리트 건물들이 도시 근교의 자연과 경작지를 대체하지요. 이것을 도시의 확산이라고 해요. 여러 기업과 사무실이 도시 가까이 자리 잡고, 복합쇼핑몰들이 세워져요. 사람들이 일하거나 장을 보러 편하게 갈 수 있도록 도로도 점점 늘지요. 도시 근교 지역에 사는 주민들은 대중교통 시설이 도시보다 부족해 대부분 자동차로 이동해요. 그래서 도시 근교는 교통 체증이 심해요.

자동차 정비 공장

복합쇼핑몰
항공기로 수입해 오는 온갖 종류의 제품을 살 수 있어요. 항공기는 공해를 많이 일으키는 교통수단이에요.

공항버스
도시에 사는 사람들은 공항버스를 타고 공항에 올 수 있어요.

관제탑
관제탑 안에서 관제사가 항공기의 이착륙을 지시해요.

활주로
항공기가 이착륙할 때 달리는 길이에요.

공항

모든 대도시의 근처에는 공항이 있어요. 공항은 항공기들이 쉴 새 없이 이착륙하는 곳이에요. 항공기들은 다른 도시나 외국을 오가지요. 이 운송 수단은 사람과 우편물, 상품을 멀리 이동시키는 데 단연코 가장 빨라요. 그러나 소음과 대기 오염 물질을 가장 많이 일으켜요. 그래서 공항은 도시에서 되도록 멀리 떨어져 있어요.
전문가들은 화석 연료를 덜 소비하거나 전기로 움직이는 항공기 엔진을 만들려는 해결책을 찾고 있어요. 이런 노력이 있기 때문에 언젠가는 보다 조용하고, 대기를 덜 오염시키는 항공기를 볼 수 있을 거예요.

주거 공간
단열재와 삼중창 등으로 추위와 더위를 막아 에너지 소비를 최대한 줄이도록 설계되었어요.

바이오매스 발전소
식물이 분해될 때 발생하는 가스로 전기를 만들어요.

녹지

친환경 지역

수년 전부터 몇몇 도시에 새로운 지역들이 개발되고 있어요.
환경을 살리면서 다양한 사람이 함께 어울려 살도록 조성된 친환경 지역이에요.
주거 공간과 사무실, 그리고 공공 기관이 도보, 전기 버스나 자전거로 다닐 수 있는 거리에 있어요.
자가용을 탈 필요가 없지요. 이 도시에서는 식물의 분해나 태양열처럼 무공해 에너지원으로
난방과 전기 공급을 해요. 빗물 재사용 시설이 있어서 빗물을 모아 녹지에 주고, 변기 물로도 쓸 수 있어요.
그리고 폐식물을 비롯한 모든 쓰레기를 수거해 재활용해요. 공해를 많이 줄이는 것이 목적이기 때문이에요!

미래의 친환경적인 집은 오늘날의 집에 사는 사람들의 삶과 조금 달라요.
세탁실에 설치된 장치들로 빗물을 수거해 정화한 다음 수도관을 통해
변기와 세탁기에 공급해요. 부엌에서는 식초, 베이킹 소다 등 친환경 세제로 설거지를 하고,
음식물 쓰레기는 퇴비로 만들어서 원예용 흙으로 써요. 집에 있는 가전제품은 지붕에 설치된
태양광 패널이나 무공해 발전소에서 만들어지는 에너지로 작동해요.
대부분의 물건은 재활용품이거나 나무, 양털, 아마나 강철 같은 친환경 재료로 만들어진 것들이에요.
친환경적인 집은 우리가 사는 지구 환경을 살리는 집이에요.

미래의 집

미래의 도시에는 어떤 집이 있을까요?
제로에너지 주택이라는 친환경적인 주거 형태가 이미 지어지고 있어요. 공해를 일으키며 생산되는
전기보다는 지붕에 태양광 패널이나 풍력 발전기를 설치해서 얻는 전기를 이용해요.
또 내부의 에너지가 밖으로 빠져나가는 것을 막아 에너지를 절약해요.
집은 흙이나 나무처럼 친환경 자재로 짓는데, 바깥 기온을 좀 더 잘 막아 주는 단열재예요.
그래서 실내가 아주 춥지도, 아주 덥지도 않아요.
에어컨이 필요 없고, 난방에 들어가는 에너지 소비를 줄일 수 있어요.

유리창
유리창은 대부분 남쪽에 있어요.
태양열과 빛을 받아 실내의
에너지 소비를 줄일 수 있지요.

글 엠마뉘엘 피게라스

1968년 프랑스령 기아나에서 태어났습니다. 부모님이 외국을 다니며 프랑스어를 가르치는 교사여서, 어린 시절을 캐나다 퀘벡, 스페인과 프랑스에서 보냈습니다. 파리에서 법학을 공부하는 동안 글 쓰는 일이 좋아졌고, 과학과 동물의 세계를 알기 쉽게 전하고 싶다는 생각이 들었습니다. 그래서 르완다의 고릴라를 취재하고, 영장류학을 공부하여 기자가 되었습니다. 문학 석사 학위를 따고 여러 잡지에서 기자와 편집장으로 일했고, 다큐멘터리 책도 썼습니다. 지금은 프랑스 남부 도시인 몽펠리에에 살면서 어린이와 청소년을 위한 책을 쓰고 아동도서전에 참여하며, 초등학교와 중학교에서 글쓰기 수업을 하고 있습니다. 또 JNE(자연과 생태를 위한 기자와 작가 협회), LPO(조류 보호 연맹), 아동 작가 헌장의 회원으로 오랫동안 활동했습니다. 지은 책으로 『만약 우리 집이 지구라면』 『코딱지 먹는 고릴라』 등이 있습니다.

그림 릴리 라 발렌

1981년 프랑스에서 태어났습니다. 어릴 적부터 그림 그리기를 좋아했는데, 어른이 되어서는 거의 그리지 못하고 초등학교 교사로 일했습니다. 다시 그림을 그리고 싶어서 교사를 관두고 2009년부터 일러스트레이션을 독학으로 익혀 '고래, 릴리'라는 뜻인 '릴리 라 발렌'이라는 이름으로 일하기 시작했습니다. 어린이 출판사에서 다양한 어린이책에 삽화를 그리고 있으며, 그린 책으로 『하이디』 『피에르와 늑대』 『길 위에 별 하나』 『나는 사자, 아니 아기 고양이에요』 등이 있습니다.

옮김 이정주

서울여자대학교와 같은 학교 대학원에서 불어불문학을 공부했습니다. 지금은 방송과 출판 분야에서 전문 번역인으로 활동하고 있습니다. 우리나라 어린이와 청소년에게 재미와 감동을 주는 프랑스 책들을 직접 찾아 소개하기도 합니다.
『선물 : 비밀스러운 미술관』 『엄마를 화나게 하는 10가지 방법』 『오, 멋진데!』 『진짜 투명인간』 『경제를 알면 세상이 보여!』 『세상의 낮과 밤』 『오스발도의 행복 여행』 『나무늘보가 사는 숲에서』 『바다 이야기』 『친절한 세계사 여행』 등 많은 책을 우리말로 옮겼습니다.

우리학교 어린이 교양

전기가 우리 집에 오기까지

초판 1쇄 펴낸날 2022년 7월 25일
초판 2쇄 펴낸날 2023년 5월 17일

글 엠마뉘엘 피게라스 | **그림** 릴리 라 발렌 | **옮김** 이정주 | **펴낸이** 홍지연

편집 홍소연 고영완 이태화 전희선 조어진 서경민 | **디자인** 권수아 박태연 박해연
마케팅 강점원 최은 신종연 김신애 | **경영지원** 정상희 곽해림

펴낸곳 (주)우리학교 | **출판등록** 제313-2009-26호(2009년 1월 5일)
주소 04029 서울시 마포구 동교로12안길 8 | **전화** 02-6012-6094 | **팩스** 02-6012-6092
홈페이지 www.woorischool.co.kr | **이메일** woorischool@naver.com

ISBN 979-11-6755-064-4 77530

Bienvenue en Ville!(ISBN: 978-2215173052) by Emmanuelle Figueras, illustrated by Lili la Baleine
Copyright © First published in French by Fleurus, Paris, France – 2021
All rights reserved.
Korean translation copyright © 2022 by WOORI SCHOOL CO.
Korean translation rights are arranged with Fleurus Editions through AMO Agency.

이 책의 한국어판 저작권은 AMO에이전시를 통해 저작권자와 독점 계약한 (주)우리학교에 있습니다.
저작권법에 의해 한국 내에서 보호를 받는 저작물이므로 무단 전재와 무단 복제를 금합니다.

※ 책값은 뒤표지에 적혀 있습니다.
※ 잘못된 책은 구입한 곳에서 바꾸어 드립니다.

만든 사람들
편집 조어진 | **디자인** 박해연